我以前很喜歡這座城鎮……好萊塢是市際電車線上的一叢叢木造房屋；洛杉磯雖然只是一大片乾燥晴朗的地區，充斥著醜陋的住宅，毫無風格可言，卻是友善且平靜。現在許多人總喜歡把當時的那種氛圍掛在嘴上吹噓。當年，居民常會睡在門廊上，有些自命為知識分子的小團體甚至把這裡稱為美國的雅典。洛杉磯其實沒那麼了不起，但也不是滿布霓虹燈的貧民窟。

——錢德勒（Raymond Chandler），《小妹》（*The Little Sister*），一九四九

3 加強連結——

加州。洛杉磯

要是你對洛杉磯只知道一件事，那麼大概就是這一點了：在這座「天使之城」裡，沒有車實在無法過活。

關於洛杉磯的發展，一般的認知是這樣的：洛杉磯接受了魔鬼的交易，拋棄大眾運輸，建構了都市高速公路的路網，於是洛杉磯居民便得以享受毫無限制的自由移動——任何人只要買得起車，什麼地方都到得了。在充滿幸福的數十年間，這種做法似乎奏效，全美各地苦於寒冷的民眾都來到此地，把他們的夢想與畢生的積蓄投入和衝浪海灘及白雪皚皚的山頭皆相距不遠的農場式住宅。不過，都市高速公路這項針對嚴重大塞車所開出的技術性解決方案，不久之後就陷入癱瘓。修建完善的高速公路不但使得洛杉磯煙霧警告不斷、市郊貧民區遍布、駕駛上路暴躁與駕車槍擊案件猖獗，並且「榮膺」全美污染程度最高的城市，現在這些道路更是全美堵塞情況最嚴重的高速公路。

不過，極少人知道的一點是，這座被美國東岸居民鄙夷為「十七座想成為城市的市郊」的西岸大都會，在延遲許久之後，也終於開始接受老式都市主義的福音。建商開始在輕軌路線的步行距離內興建可供多戶居住的公寓大樓，剛起步的地鐵系統也預計在未來十年內增加一倍的里程長度。在加州籠罩破產陰霾的背景下，一位備受愛戴的市長已取得當地及聯邦政府的資金挹注，即將落實一項全美野心最大的公共運輸計畫，希望達成一個長久以來一直被視為超出人類能力可及的目標：讓洛杉磯人拋下汽車，改搭公車與火車。

從汽車帝國裡救回大洛杉磯地區雖是個充滿抱負的絕佳構想，卻也可能是不切實際的妄想。只要從空中鳥瞰南加州，即可看見一大片鋪面道路之海，從聖塔芭芭拉（Santa Barbara）延伸至墨西哥邊界，其中只間雜著少數幾座擋路的山丘。

即便是最有遠見的都市計畫者與政治人物，恐怕也救不了這座城市。

十億美元的塔可

在一個晴朗的冬日早晨，洛杉磯捷運金線的一班列車開進聯合車站外的廣場，鈴聲噹噹作響，頭燈閃爍不停，彷彿一部總統競選列車。那是一部造型雅緻的義大利列車，以復古風格精心設計，車廂邊角皆有精美的修飾，採用不鏽鋼門扇，前方並漆有象徵速度的線條，猶如立體派畫家筆下的貓鬚，讓人不禁聯想起爵士樂時代那種銀色螺旋槳飛機的流線造型。我在第一節車廂裡找了一個雙人座的空位坐下來（空位其實很多，因為車廂裡除了我，只有一名帶著幼女的媽媽），列車便嗚嗚作響地駛離車站——那聲音聽起來雖是傳統蒸汽火車的汽笛聲，實際上卻是以電子合成器模仿的聲響。車廂裡的廣播不是一般那種預錄訊息，由英語和西班牙語輪流提醒乘客不要把鞋子踩踏在座位上，而是由駕駛員以爽朗的嗓音與乘客打招呼。

「各位乘客早安！」他的語調聽起來對人生充滿熱情，彷彿將南加州的陽光全帶進車廂內。「這部開往大西洋廣場的列車，沿途會停靠所有的車站。為了各位的安全，請絕對、絕對、絕對不要闖入軌道上——你永遠不曉得什麼時候會有列車出現喔。下一站是小東京——藝術區！」

就這樣，東洛杉磯一幕幕的多元文化景象開始在車窗外飛快滑過。沿著一條蜿蜒迂迴的高架橋越過夾在水泥建物中間的洛杉磯河之後，我們陸續行經了淨土真宗本願寺層層疊疊的佛塔、博伊爾高地基督教中心（Boyle Heights Christian Center）以三原色繪成的壁畫、洛杉磯最古老的墨西哥薄餅工廠屋頂上那浸沐在陽光下的波形瓦片，還有塞爾維亞人公墓裡一排排尖端採用梅花造型的十字架。軌道鑽入聖塔安納（Santa Ana）高速公路底下之後，輕軌便成了地鐵，穿越一英里半的隧道，接著才又回到陽光普照的地面，四周滿是免下車藥局和偽裝成棕櫚樹的手機基地台。

搭乘一趟金線列車的票價是一美元二十五美分，堪稱是以ＫＩＡ汽車的價格提供凱迪拉克等級的服務。這是一座規劃完善的輕軌捷運的典型例子——所謂的「輕」，不是指列車大小，因為輕軌捷運的列車也可能和地鐵列車一樣長，而是指這種捷運載運的重量相對較輕，行駛速度又快。和輕軌捷運相較之下，即便是最新穎的市公車感覺起來也像是蹣跚狹小、在車陣中難以動彈的次級運輸工具。列車在電力驅動下滑順地加快速度，紅燈也在我們接近時紛紛轉為綠燈。金線票價低廉、乘坐舒適，而且由於交通號誌都優先讓列車通過，因此速度也非常快。如果不是別無選擇，實在很難想像為什麼會有人寧可開車而不搭乘輕軌列車。

在蒙特利公園市的大西洋廣場，我和車上僅剩的乘客——兩名打扮新潮、牽著亮晶晶的單速自行車搭上捷運的拉丁裔青少年，在樂師廣場（Mariachi Plaza）一起下車。金線的盡頭是一片荒原，唯一醒目的建築物是一間麥當勞得來速門市和一家汽車零件連鎖店。這裡是汽車駕駛人的世界，不適合行人遊蕩。所幸，東洛杉磯不論哪裡都不乏美味的墨西哥餐點。我在一排沿路商店中注意到一家供應塔可的小店，名叫「曼尼的瘋狂餐館」，於是匆匆穿越兩線道的馬路，朝那家餐館走去。

「我來拿九個雞肉塔可！」排在我前面的那人在櫃台前方高聲說道。我從他那開朗的語調認出了列車廣播裡的聲音：他就是列車駕駛員。我向他自我介紹，身為阿帕契族的他也隨即向我介紹他的名字：奔跑之鷹（Running Hawk），並且和我來了個猶如羅馬鬥士般的前臂式握手，說：「你真是來對地方了！曼尼這裡的東西最好吃了，我只要輪到這條路線，都會先撥手機向他們訂午餐。」他問我覺得金線怎麼樣。我說非常舒適，只可惜好像沒什麼人搭。

「就是這樣！」他笑著說：「人少，我的工作就輕鬆一點。不過你要知道，這條線才剛啟用幾個月而已，大家還沒養成搭這條線的習慣。」他的餐點出來之後，他主動拿了一個包著鋁箔紙的塔可給我。

奔跑之鷹說的也許沒錯，乘客確實會隨著時間而增加。不過，通往東洛杉磯的金線似乎也有許多美國南部城市公共運輸線的致命缺陷：這些路線經常行經人口稀少的地區，為的是在興建過程中比較不會遭到地方居民抗議，而不是因為這些地區的人口密度足以支撐公共運輸系統營運。金線蜿蜒在有小平房散布的鄰里、商業活動貧瘠的高速公路周圍荒原、修車廠分布區，以及占地遼闊的停車場之間。就目前而言，金線最接近市區的地方是聯合車站。這座優美的教會復興樣式車站，同時也是通勤人士與美國國鐵列車的聚集地，距離邦克丘（Bunker Hill）的摩天大樓一英里遠。

你可別誤會我，我很樂意造訪東洛杉磯，而且這個地區也絕對應該享有最優質的大眾運輸設施。我的軟塔可內餡的鯰魚烤得很可口，而我也和隔壁桌一個蓄著濃鬍的爸爸對視而笑，看著他那學齡前的兒子抓住一張塑膠椅，跟著冠軍樂團（The Champs）的〈龍舌蘭〉（Tequila）樂音扭屁股。不過，洛杉磯捷運東區支線的九座車站與七英里長的軌道總共建了五年，耗資九億美元，至今的乘客量距離原本預計的一天一萬三千人次卻還非常遙遠。（簡單做個比較，紐約萊辛頓大道線每十五分鐘的乘客人次就有這麼多。）花了那麼多錢興建一條捷運線，結果搭乘者似乎只有想到東洛杉磯吃點美味魚排塔可的市區公寓住戶，這樣未免太浪費了。

洛杉磯的公共運輸若要真正發揮作用，這座城市就必須在若干關鍵面向上有所改變。第一項改變已經出現了：目前既有的地鐵、輕軌與快捷公車等運輸系統都已逐步擴展，並且相互連結。第二項改變將取決於南加州的經濟前景，而這點卻是充滿不確定性：公共運輸路線附近必須出現大量而密集的新建設，才有可能在這座蔓延型都市中造就出真正適合步行的鄰里。可惜的是，第三項關鍵改變，亦即在新開發案當中大幅減少免費停車空間，卻根本沒有受到考慮。

換句話說，洛杉磯必須成為許多洛杉磯人從沒想要過的東西：一座城市，而不是一叢叢毫無規劃的市郊地區。

《威探闖通關》理論

根據流傳已久的都市傳說，洛杉磯原本是太平洋岸上一簇簇平靜的住宅聚落，不受高速公路、塞車與煙霧所苦。在一九八八年的電影《威探闖通關》（*Who Framed Roger Rabbit?*）裡，一個小孩問霍金斯（Bob Hoskins）飾演的私家偵探艾迪．法利安為什麼不開車。

「在洛杉磯哪需要開車？」法利安答道，一面漫不在乎地跳上一輛電車車尾的防撞桿。「我們有全世界最棒的大眾運輸系統呀！」

這部電影的劇情描述末日法官的卑鄙陰謀，企圖把卡通城夷為平地（片中的卡通城與洛城的華茲區〔Watts〕頗為相似），以便在一條新式的高速道路沿線興建輪胎沙龍、速食餐廳與廣告看板。他這麼描述那條道路：「用閃閃發亮的水泥建成的八線道大馬路，他們稱之為高速公路！」法利安不可置信地說：「紅色列車的票價只要五美分，絕對不會有人想開車上這條討人厭的高速公路！」

關於這點，合乎事實的部分如下：紅色列車確實存在，確實四通八達，而且票價也確實只要五美分。你若是採信末日法官版本的歷史，那麼一個靠汽車牟利的陰謀集團拆除了洛杉磯與全美各地的鐵軌，以污染空氣的柴油公車取代快速又節能的電車，目的就在於讓內燃機成為道路之王。這種陰謀論雖然引人入勝，卻太過簡化事實。紅色列車的命運以及洛杉磯為何會成為都市蔓延與塞車的同義詞，這背後的真實故事其實複雜得多，也更加有趣。

和一般人的認知相反，洛杉磯水平蔓延的發展其實是鐵路造成的結果，而不是高速公路。洛杉磯建城於一七八一年，原本是由麥士蒂索人與黑白混血人種墾殖建立的新西班牙農牧城鎮，[1]不過是個偏僻的小聚落而已，直到鐵路從中西部帶進大批殖民後才出現改變。到了一八八〇年代中期，由於南太平洋鐵路與聖塔菲鐵路之間的車票價格大戰，致使從堪薩斯市到洛杉磯的火車票價跌到只需一銀元。聖派卓（San Pedro）在一八九〇年代成為洛杉磯市的深水港，通往此處的鐵路因此將市界擴展至鬧區西南方二十英里外。在歐文斯河谷（Owens Valley）興建了引水渠之後——波蘭斯基（Roman Polanski）執導的《唐人街》（*Chinatown*）

概略講述了這條引水渠背後的貪腐故事——不但聖費爾南多谷從此被併入洛杉磯，區域內的各地也因此出現許多石油工業與人口聚居中心。到了一九三〇年，洛杉磯已是全美人口數排名第五的城市，更是全世界面積最大的城市。

這座新興大都會真正開始成長，必須歸功於電車這項十九世紀的科技奇葩。一八八七年，發明家斯普拉格（Frank Sprague）在維吉尼亞州的里奇蒙（Richmond）建構出一套系統，以拉設於半空中的電線為四十輛電車供應驅動電力。電車隨即成為北美主要的都市運輸工具；截至第一次世界大戰結束之際，每年載運的乘客已達一百一十億人次。電車的電線深入森林與農田上方，使得電力鐵路成為實際上的城間公路；在鄉下，每到日落之後，農民總是藉著在軌道旁焚燒破布以示意電車駕駛停車。在大城市之間行駛的電車稱為市際電車，其路網終究發展得非常密集，通勤乘客若是願意，理論上能從緬因州的沃特維爾（Waterville）跳上電車，一路轉車搭到威斯康辛州的希博伊根縣（Sheboygan），這全程一千英里的旅程完全依靠電車進行。

在洛杉磯，南太平洋鐵路繼承人杭廷頓（Henry Huntington）收購了數十家小資本的電車公司，打造出「太平洋電車王國」。稱為「紅色列車」的大型市際電車，不但搖搖晃晃地行駛於聖塔莫尼卡（Santa Monica）與箭頭溫泉（Arrowhead Hot Springs）之間的柳橙樹叢中，也會喀噠喀噠地穿越新港灘（Newport Beach）的沙地邊緣，一路行駛到終年積雪的洛韋山（Mount Lowe）上的一座客棧。紅色列車在直線軌道上的時速可達到六十英里。一九二六年是紅色列車的全盛期，當時這種電車連結了四個郡及五十個社區，大部分的行駛路線都是私有的專用道路。連同黃色列車——這是杭廷頓旗下的小型電車，在洛杉磯市中心提供地方運輸服務——太平洋電車構成了全世界最錯綜複雜的大眾運輸系統，軌道總里程超過一千五百英里。

紅色列車系統並不是什麼理想崇高的慈善事業——其鐵軌全都「剛好」通往杭廷頓及其友人所擁有的土地——但確實造就出迷人的都市景觀，促成一叢叢的工廠、平房、超市與藥局在電車路線的步行距離內分布。鐵路史學家克倫普（Spencer Crump）寫道：「紅色列車市際電車系統以其效率及便利性，載運大眾前往各種不同地點，包括柳橙樹叢、海岸、山岳、村莊與城市，讓大眾發現各種機會，從而鼓勵民眾永遠在南加州度假。……在一九一九年之前的十年間，納入洛杉磯郡的十三座城市中，只有一座位於太平洋電車路線上。」散布各地的油田與煉油廠，以及來自小城鎮與家族農場的移民對獨棟房屋的偏好，也進一步鼓勵了洛杉磯市的水平分布，因此造就了一種新式的城市，適合步行的居住中心距離鬧區非常遙遠，但仍可輕易通勤至百貨公司與辦公大樓。只要紅色列車與黃色列車運作順暢，洛杉磯就能為其居民提供寬敞的生活空間與些許都市氛圍。

汽車時代來臨之後，都會捷運的黃金時代也隨之告終。汽車的來臨在全美各地的城市都帶來了激烈的爭議，而引發爭議的原因顯而易見：因為汽車將公共街道變成了殺戮戰場。一九二五年，單單一年內就有七千名兒童遭到汽車與卡車輾斃。粗心大意的駕駛人在費城遭到暴民攻擊，各大城市的報紙也紛紛譴責「致命駕駛人」。在密爾瓦基的一場遊行中，一輛電車拉著一部平板拖車，上面展示著一輛撞毀的汽車，駕駛座上坐著一個撒旦像；在聖路易，一艘飛船將花朵灑落在一座刻著三十二位車禍罹難兒童姓名的紀念碑上。

諾頓（Peter Norton）在《對抗交通》（*Fighting Traffic*）這部精湛的研究著作中詳盡記錄汽車製造商、汽車俱樂部與交通工程師如何沆瀣一氣，以持久且協同的作為，慢慢地鯨吞蠶食掉城市居民自古以來在街道上的優勢地位，而將行人的活動範圍限制在角落的行人穿越道，還把行人醜化為「任意穿越馬路的交通障礙」；過去由打棍球的孩童、單車騎士與街頭攤販共享的道路，從此成為汽車幹道與私人車輛的停車場。諾頓指出，汽車帝國最大的勝利，就是一場緩慢的消耗戰，將價格低廉而且不會製造污染的電車完全趕出美國的街道。

爵士樂時代的洛杉磯是這場競爭的關鍵戰場。南加州人對於汽車的接受程度相當高，因為許多人當初就是從中西部的鄉下搭乘農用卡車與老爺車穿越沙漠，經過漫長路程才來到這裡。到了一九二〇年代中期，洛杉磯每三人就有一人擁有汽車——基本上就是每戶都有一輛車——從而成為全世界汽車化程度最高的城市。洛杉磯市的工業區和住宅區雖然分散廣泛，市中心的商業區卻是全國密度最高的一處，三百個方形街區內充斥著藝術風格的摩天大廈與宏偉華麗的百貨公司，還塞進許多銀行、辦公室與零售商店。隨著駕車通勤者與購物人潮加入五十萬工作人口的行列，每天一同湧入市中心，交通於是陷入動彈不得的壅塞狀態，杭廷頓的紅色與黃色列車也因此經常在尖峰時刻誤點達六十分鐘之久。為了促使街道暢通，新成立的都市計畫委員會採取了一項激進措施：在一九二〇年一個薄霧迷濛的春日，他們決定在上班時間禁止路邊停車。

這項計畫奏效了——至少一開始時是如此。電車經過多年的誤點之後，終於再次準時到站，而上班人士也能準時抵達辦公室。不過，第二天就有數以萬計怒氣衝天的汽車駕駛人齊集市中心，在默片女明星楊格（Clara Kimball Young）率領下將車子停在路上以示抗議。這位有著一雙水汪汪大眼的女星向記者表示，粗暴的官僚限制了中產階級婦女出門購物以及到市區看戲的自由。（楊格本身的新片即將在當週末在麗都戲院上映，自然不是巧合；停車禁令恐對票房造成嚴重影響。）抗議人士迫使警方開光所有的罰單之後，支持汽車的《洛杉磯時報》於是刊出一篇文章，宣稱都市計畫委員會的停車禁令徹底失敗，文章的標題寫著：「停車禁令證明了汽車的必要性。」（這根本是胡說八道。八年後，芝加哥就在市中心成功實施了禁止日間路邊停車的法令。）炒新聞的女演員贏得勝利，禁令因此撤銷，電車於是再次堵塞在幾乎無法動彈的交通裡。

電車的消亡是自然造成的結果嗎？這個問題至今仍然揮之不去。《威探闖通關》裡的那套理論，其實有不少真實性。汽車產業在一九二四年陷入銷售低潮之後，汽車帝國便明確指出擁擠的市中心區缺乏「道路空間」，是阻礙汽車產業擴張的主要原因，並且將電車視為最大的障礙。一九三〇年代，通用汽車、凡世通輪胎（Firestone Tires）、標準石油與美克卡車（Mack Truck）的確買下中西部一家小小的客運公司，成立了「全國城市幹線」。這家幌子公司最後在四十五座城市內消除了電車系統，並且私下非法同意向通用與美克購買相同數量的客運車輛。一九四四年，全國城市幹線的一家子公司買下了杭廷頓的黃色列車，並將其取代為「公共汽車」，採用的燃料是標準石油公司的柴油，輪胎則是凡世通的橡膠輪胎。（「從我們的立場來看，」標準石油的某主管後來作證指出：「此舉能為我們的產品開創市場——包括汽油、潤滑油與機油。」）兩年後，聯邦大陪審團判決擁有全國城市幹線的企業違犯反托拉斯法，判處這些企業的董事每人罰款一美元。值得一提的是，這項判決認為他們所犯之罪不在於共謀消除美國的電車系統，而是私下串通只購買通用與美克的客運車輛。在這場戰爭結束之後，通用汽車及其他共謀企業紛紛賣掉他們持有的全國城市幹線股份，就此擺脱公共運輸事業。

有些運輸學者認為電車本來就不可能存活下來，指出電車乘客人數到了一九三〇年代就已開始下滑，而且由於多年疏於維護，許多私人公司的電車車輛狀況都非常糟糕。[2]從這個觀點來看，電車乃是汽車的輪下亡魂，是美國人與汽車之間無可抗拒的愛戀情結的受害者。的確，美國各地市中心區的電車都在汽車的堵塞下而難以營運。太平洋電車不但票價被迫只能維持在五美分的水準，乘客人數稀少的路線也必須保持營運，而且在獲利良好的路線上，生意又遭到非法載客的「野雞車」與公車公司瓜分。粗心大意的駕駛人任意開車穿越軌道所造成的車禍又進一步降低了太平洋電車的營運效率。通用汽車及其共謀不是唯一必須負起電車消亡責任的人，但他們確實揮出了致命的一擊。

換句話説，電車並非單純遭逢噩運。如同美洲大平原上的野牛，電車也是因為遭到魯莽的踐踏而陷入瀕臨絕種的處境。從多倫多、墨爾本以及數十座歐洲城市至今都仍有涵蓋範圍廣大的電車系統，便足以證明有軌電車在現代都市環境中確實能有效運作。太平洋電車系統若是能公有化並加以擴展——就像拉瓜迪亞治下的紐約對地鐵採行的做法——紅色與黃色列車即大有可能存活下來。不過，杭廷頓及其他房地產大亨卻共同謀殺了這套系統。如同史學家霍爾（Peter Hall）在《明日的城市》（*Cities of Tomorrow*）中所指出：「洛杉磯任由強取豪奪的資本主義者興築該城的輕軌系統，但那些商人感興趣的並不是提供運輸服務，而是大規模的土地投機。後來，洛杉磯更是袖手旁觀地任由這套系統自生自滅。」一九二五年，運輸專家提議將列車與道路交通區分開來，興建從市中心區向外發散的高架鐵路；不過，都市規劃師、政治人物與民眾早已執迷於一項保證成功的塞車解決方案：一種與平面道路的緩慢交通完全區分開來的快捷車道——也就是高速公路！

洛杉磯最後一班市際電車在一九六一年駛抵長灘之後，便畫下了句點。全世界最棒的電車系統當中的紅色列車，最後被棄置在長灘高速公路盡頭的一座廢料場內，像木材一樣地疊成一堆。

某天下午，我在潘興廣場（Pershing Square）附近漫步前往市區，眼角餘光突然瞥見一抹黃，於是走上前去看看究竟是怎麼回事。原來，杭廷頓的電車竟然還有一輛存留到了二十一世紀。這輛電車蓋著帆布，當地一個歷史協會顯然正為其修整。車廂完全由鉚釘接合的鋼板構成，下半部為鮮黃色，上方為萊姆綠，車頭上的單一頭燈底下漆著「前方上車」的字樣，邀請我上車參觀。

我忍不住想爬進車廂內，但這輛孤獨的黃色列車停放在一座停車場的中央——周遭圍滿了汽車——而且一名看守人已朝向我這個闖入者走來。我趕緊逃離現場，沒有走人行道就直接穿越橄欖街。我一定是因為看到那輛電車而陷入卡通城的想像中，因為我在穿越馬路上的車流之際，差點因為心不在焉而被一輛新款休旅車給輾過。

我忘了。在現實生活中的洛杉磯，最後獲勝的是末日法官以及他的高速公路，不是羅傑兔和紅色列車。

高速公路的折磨

到了一九六〇年代，洛杉磯已成為世界上最先進的大都會，這必須「歸功」於那些市內到處可見、限制通行對象的快速道路。在比較老舊的城市裡，高速公路主要是通往市郊及其他社區的通道；但洛杉磯長達一千英里的都會區高速公路比較像是交通動脈，相當於其他城市的主要街道與馬路。聖地牙哥高速公路與美國國道一〇一的交叉口是全世界交通最繁忙的交會處，每天都有五十萬輛汽車匯集於此。不過，在距離這個交通匯聚點不到一個街區之處，卻能看到兒童在住宅區的小街上玩耍。

根據南加州歷久不衰的傳說，在外人來到這裡之前，高速公路原本空空蕩蕩，開起車來暢行無阻。收音機上一旦傳來蘭迪．紐曼（Randy Newman）在〈我愛洛杉磯〉（I Love L.A.）裡歌頌著高速公路的歌聲，述說他帶著一個放蕩的紅髮女子，開著別克敞篷車奔馳在聖塔莫尼卡大道上，確實能讓人體會到這項傳說的魅力。除此之外，另外有些體驗也有同樣效果，例如以四十英里的時速奔馳在日落大道（Sunset Boulevard）上，欣賞那些在馳速之下顯得迷人不已的建築物——包括進進出出漢堡店（In-N-Out Burger）那太空時代的招牌，以及各種古奇式（Googie）建築（儘管這些建築一旦近距離細看，不過就像一堆廉價的灰泥而已）；或是看到蒂蒂安（Joan Didion）在《白色相簿》（*The White Album*）這本散文集裡的隨想：「高速公路的體驗是洛杉磯唯一的世俗集體體驗。……參與者心中只會想著自己身在何處，實際參與則是必須徹底沉溺其中，將注意力完全投注於道路上，有如一種癡迷狀態，一種高速公路的狂喜。」

即便今日，駕車奔馳於洛杉磯的道路上仍然可為人帶來狂喜般的體驗——前提是你得在凌晨三點上路。只要是任何其他的時間，你都絕對免不了身陷北美洲最嚴重的塞車狀況中。某個週六上午，我打算從市區開車前往威尼斯海灘，並決定走洛杉磯人所謂的「平面道路」，而不走高速公路。威尼斯大道上的塞車情況非常嚴重，我在各個主要十字路口都被同一群已屆退休之齡的單車騎士一再超越。沿岸一英里以內的每一條街道都塞得動彈不得，有如一條多線道的地獄，兒童的尖叫聲和父母的怒罵聲此起彼落。在太平洋街上，打赤膊的男子高舉硬紙板招牌，招呼汽車駕駛到街道旁的空地或住宅前院停車，一次二十五美元。這段路程花了我半個上午的時間，找停車位又差不多花掉了午餐時間的一個小時。

說來難以置信，開車受了這麼多的罪，最終目標就是為了和其他人一起在沒有汽車的木棧道上悠閒漫步。

在返回旅館的途中，我在十號州際公路上走走停停，一路上只能盯著前面那輛馬自達的車屁股。這時候，我聽到調幅廣播上的女性播報員問道：「他們承諾的飛行汽車在哪裡呀？」別嚇到了。洛杉磯的駕駛人每年平均塞車七十二小時，相當於將近兩週的工時。（這還不是全部的交通時數，只是塞車時間而已。若以一週平均十八點五小時計算，美國人一生中待在車上的時間長達九年。）而且塞車情況實際上愈來愈嚴重。自從塞車時數在一九八二年達到四十四小時之後，洛杉磯就一直是北美洲交通最壅塞的城市。好萊塢高速公路更是美國最糟的汽車道路，瓶頸處的平均時速只有十四英里。

回頭想想，你還是應該要嚇到才對。因為眾多的高速公路之故，洛杉磯也是美國最髒的城市。至少自從「黑色星期日」以來——那是一九四三年夏末的一個星期日，當時整個洛杉磯地區全籠罩在濃密的煙霧裡，能見度僅達三個街區，作物因此枯萎，甚至還有人謠傳是日本發動了化學攻擊——洛杉磯人就一直生活在汽車造成的空氣污染當中。後來，較嚴格的排放標準雖然讓空氣稍微乾淨了一點，但從長灘朝北隆隆行駛的卡車卻還是不斷吐出有毒的柴油廢氣。此外，研究又發現了一項新威脅：大氣懸浮微粒。輪胎的橡膠、煞車的金屬以及排氣管散發出來的微粒，能穿越冷氣濾網與雙層窗戶，導致人體動脈硬化與早產，也可能對兒童造成終生的肺部損害。住家距離大馬路一個街區以內的居民所受的影響特別嚴重，但「癌症走廊」的範圍可達高速公路兩側一英里——而洛杉磯沒有幾個鄰里距離高速公路達一英里以上。根據估計，大氣懸浮微粒每年總共造成兩萬四千名加州居民死亡，約是車禍死亡人數的六倍。

未來三十年，洛杉磯都會區五個郡的居民人數預計將增加六百三十萬人。洛杉磯顯然得設法因應，否則必定會陷入癱瘓與窒息的下場。除非洛杉磯打算建造三層高速公路，或是在聖貝納迪諾山脈（San Bernardinos）的山脊上架設巨型風扇，把所有的煙霧吹到中國去，否則這座城市最大的希望就在於大眾運輸上。

身陷這種高速公路的折磨幾天之後，我決定完全仰賴洛杉磯都會運輸局的公車與列車。這麼做不至於讓我狂喜，而且不開車表示城市中有許多地方我都看不到。不過，我能看到的地方至少都可看得比較清楚。而且，這樣一天下來，也遠比自己開車要輕鬆得多。

公車乘客與地鐵市長的較勁

「我們認為大眾運輸是人權，」洛杉磯公車乘客聯盟（Bus Riders' Union）的楊善英說：「這是一種必須提供的社會服務，也應該受到公部門資助。而提高乘客人數以及鼓勵更多人使用大眾捷運的頭號方法，就是降低票價——不是挖掘成本高昂的地鐵隧道，也不是興建更多的輕軌。」

我有點困惑，也許我只是還不習慣美國西岸這種階級鬥爭的偏激言論。楊善英是個說起話來強而有力的女子，負責公車乘客聯盟的潔淨空氣運動。她坐在佩利斯大樓（Pellissier Building）十二樓的一間邊間辦公室內，窗外可望見五、六輛都會運輸局的快捷公車正困在威爾榭大道（Wilshire Boulevard）的車陣當中。我從潘興廣場搭乘地鐵過來，票價一美元二十五美分，只花了十分鐘。前一天，我搭乘藍線上一部日本製造的輕軌列車，穿過康普頓（Compton）與華茲區那些柵欄社區的平房。藍線是一條相當舒適的輕軌捷運線，乘客非常多，不像金線那樣空空蕩蕩。藍線總長二十二英里，從市中心區延伸到長灘，途中穿越了市內若干最貧窮的鄰里。我也才剛從報章雜誌上得知，市長克服了龐大困難，取得資金，將建造一條深入西區的地鐵線，可望減輕全城的交通壅塞現象。在我看來，這座塞車塞到無可救藥的城市需要的就是大眾運輸設施，不但愈多愈好，而且愈快愈好。

所以，我請求楊善英再說明一次。公車乘客聯盟為什麼反對興建更多的軌道運輸設施？

「你必須瞭解，」她答道：「我們在九〇年代初期開始探討大眾運輸的議題，不是因為我們想要更好的大眾運輸——我們當然想要更好的大眾運輸——而是因為對於我們的許多社區成員而言，這點明顯是一項公民權利與環境正義的議題。超過百分之八十的公車乘客都是黑人、拉丁裔與亞裔民眾，而且他們的年均家戶所得都不到一萬兩千美元。對於洛杉磯最貧窮的勞工人口來說，公車基本上就是他們的腳。我們控告都會運輸局，以確保他們使用目前最潔淨的燃料，結果我們打贏了官司。」

「現在，都會運輸局想興建更多的輕軌，還有一條新的地鐵線，可是他們向來不會取得足夠的營運資金，結果就是瓜分現有的公車營運資金。」楊善英指出，這麼一來，中產階級會得到成本高昂但使用頻率低落的鐵路線，貧窮階級則必須仰賴經常不得不縮減班次的劣等公車系統。「這是一種徒然浪費的資本擴張，」她告訴我：「如果你現有的房子都已經七零八落了，當然不該花錢買新房子。」

楊善英的論點頗有道理。洛杉磯當初在市際間行駛的紅色列車與地方性的黃色列車之所以運作良好，原因是當時這座城市還很年輕。然而，二十一世紀的洛杉磯已是一座截然不同的城市。如同城市規劃專家富爾頓（William Fulton）所寫的，洛杉磯是「一座全國性的市郊，只要是不想和其他大都市的移民政治問題扯上關係的保守新教徒，都會遷居至此」。到了一九三〇年，洛杉磯市的住宅已有百分之九十四都是市郊形式的單戶透天房屋，住戶主要是「來自中西部的中產階級中年人」——他們同時也是全世界最早、最熱切的私人汽車擁護者。不過，根據二〇一〇年的人口普查，洛杉磯已是一座以拉丁裔人口居多的城市，非裔與亞裔人口另占百分之二十。洛杉磯市為數龐大的勞動貧窮人口，有許多人都住在昔日為移民所建造的住宅區裡；由於這些社區的規劃都以汽車為中心，因此他們在交通上就得大幅仰賴大眾運輸。這種論點認為，市政府即將用來興建新地鐵線的資金，足以為洛杉磯的勞動階級市民購置許多公車。反諷的是，在此一論述邏輯之下，極左派的公車乘客聯盟竟然與反對「大政府」興建鐵道運輸設施的自由意志主義者站在同一陣線，認為私營公車是市場導向的解決方案，不但能滿足買不起汽車的民眾的交通需求，公車的次級水準也正符合這類民眾的地位。

然而，洛杉磯郡的都會運輸局似乎卻致力於興建一套適合所有洛杉磯居民的大眾運輸系統。都會運輸局在屋主協會的強烈反對下，興建了一座兩條路線的地鐵，以標準尺寸的重型列車駛入空間龐大的市區車站內。橘線的「都會班車」看起來則像是《機器戰警》的電影美術設計想像出來的高科技蜈蚣，速度快，班次也多，沿著專用公車道駛入聖費爾南多谷中心深處。在市中心區，則由活力盎然的小型公車——市中心循環巴士，連接地鐵與輕軌系統，搭乘一次的票價只要二十五美分。洛杉磯的大眾運輸每年載運五億人次，排名全美第二。不過，目前顯然還有改善空間，特別是在吸引通勤乘客方面：現今每十六名洛杉磯居民當中只有一人搭乘公車或列車上班。

最主要的問題是，當前的捷運路網還有太多缺口，導致運輸網絡難以有效運作。所謂的「快捷公車」，似乎總身陷交通泥沼當中，亮橘色的車身也因此成了大眾運輸缺乏效率的招牌。目前的軌道路網沒有一條路線通往富庶的西區鄰里，因此住在東洛杉磯的家傭若要到比佛利山的住宅工作，就得搭公車轉乘輕軌、地鐵，接著再轉乘公車，總共得花上兩個小時。如果搭乘大眾運輸的結果是得花上雙倍的交通時間，以及無止盡地轉車，那麼自然只有別無選擇的人才會願意搭乘。

如同作家亞歷克斯．馬歇爾（Alex Marshall）在《城市的運作方式》（*How Cities Work*）裡指出的：「交通運輸不能只有一點點，不能只有半英里的公車路線、半英里的鐵軌、半英里的州際公路。」紐約與巴黎的地鐵都是貨真價實的大眾運輸系統：由於其分布範圍幾乎涵蓋整個都會地區——並且為長途旅客銜接了火車站與機場——因此效率即可接近於四通八達的私人汽車。

都會運輸局正試圖建構這麼一套路網。他們正在興建「區域連線」，亦即一條短距離的地鐵，將可讓來自東洛杉磯與帕沙迪納（Pasadena）的金線乘客抵達市中心。穿越庫維市、長十五英里的「博覽線」已經動工；該線一旦完工之後，將會是洛杉磯第一條終點位於公共海灘步行距離內的鐵路線。都會運輸局賭的是，只要建造一套連接好萊塢大道、洛杉磯加州大學、機場與聖塔莫尼卡碼頭的路網，以及可在三小時內抵達舊金山的高速鐵路，即可減少為數眾多的洛杉磯居民對汽車的依賴，就算不可能徹底揚棄車輛，至少每戶擁有的車輛也可以減少一點。

這就是為什麼公車乘客聯盟對於鐵道大眾運輸所抱持的立場過於短視。自從一九二〇年代以來，洛杉磯總算首度出現這樣的政治意志，致力為市民提供一套高度整合的現代化運輸系統。令人訝異的是，公車乘客聯盟竟然拒絕支持「R提案」，亦即徵收半分錢的銷售稅，藉此在往後三十年間為大眾運輸確保兩百二十億美元的收益流。我向楊善英指出，由於他們也鼓吹降低票價，因此他們的訴求將導致洛杉磯的大眾運輸在未來數十年間破產。「我們的立場是，」她反駁道：「他們如果願意建造一套水準一流、運作良好、可長可久而且顧及平等的公車系統，我們就會支持。這麼一來，他們要是還剩下一大堆錢，自然可以拿去投入那豪華的十三英里地鐵計畫。」

我看不出市政府規劃的紫線延線有什麼特別「豪華」之處。公車的確可以是絕佳的大眾運輸型態，特別是行駛在專用道上的公車，例如橘線的都會班車。（我在後來的旅程上發現，開發中國家的大都市裡，涵蓋全市的公車捷運路網都提供了絕佳的服務。）然而，地鐵是恆久性的設施，勞動貧窮人口與中產階級都可同獲其利——而且，市府預算一旦吃緊，公車線可能在一夕之間就被取消，鐵道運輸卻會持續存在。世界上從來沒有一套地鐵系統長久停止運作。

大多數的洛杉磯居民都支持地鐵。二〇一〇年，他們不理會公車乘客聯盟對「R提案」的立場，在公投中以百分之六十八的比例贊成徵收為大眾運輸提供財源的銷售稅。推動洛杉磯興建更完善的大眾運輸的人，是二〇〇五年當選市長的維拉哥沙（Antonio Villaraigosa）。他將自己的執政成敗完全押在「地鐵通海邊」（Subway to the Sea）以及其他十一項大眾運輸計畫上，這是一場豪賭。他的構想是將發育不全的紫線沿著威爾榭大道朝西延伸，在羅德歐大道（Rodeo Drive）、世紀城區、洛杉磯加州大學、西木區（Westwood）等地設站，最終甚至抵達聖塔莫尼卡的水濱——新鋪設的軌道可能長達十幾英里，成本估計為九十億美元。

我在市政廳三樓那間天花板挑高的市長室裡與維拉哥沙市長會面。他的身材結實，瘦高骨架上沒有太多額外的脂肪；要不是因為額頭上那些深深的皺紋，一定看不出他已五十八歲。他對大眾運輸非常熱衷，這是他在二十年前受指派進入洛杉磯交通委員會以來就不斷思考的議題，因此一談到這個題目就雄辯滔滔，讓人難以插嘴。維拉哥沙在財務數字上有點拿不準，於是轉向副市長德拉維加（Jaime de la Vega）——他坐在沙發的邊緣，就在市長的扶手椅旁，手裡抱著一疊文件。

「我先說明幾件事情，」維拉哥沙說：「我說過，洛杉磯會成為美國最安全的大城市。現在，凶殺案發生率已降到一九五二年的水準——抱歉，」他朝德拉維加瞥望一眼，確認自己是否說錯。「暴力犯罪的發生率已經降至一九五二年的水準。第二，我說過我們會把洛杉磯建設成美國最環保的城市，我們現在不但達成了，甚至還優於京都議定書規定的碳排放標準。第三，我說過我們會優先處理嚴重塞車與大眾運輸的問題，現在博覽線已經開工，並且啟用了橘線——橘線可能是全美最成功的公車專用道。」

德拉維加插口指出：「橘線其實是全國唯一的公車專用道，每天載運的乘客大約是兩萬六千人次。」

「我們當初預期只有七千人次左右，」維拉哥沙接著說：「在目前經濟衰退的狀況下，再加上全國各地的反對聲浪，我們還是促使議會通過徵收半分錢銷售稅的法案，將可為大眾運輸帶進兩百二十億美元的經費。這是我們自己的錢，是本地居民的錢。國內沒有其他城市願意花這樣的錢。

「在我們目前推動的十幾項計畫當中，最重要的是『地鐵通海邊』。這條地鐵線將會沿威爾榭大道興建，威爾榭大道連接了加州最大的兩座就業中心：洛杉磯市中心與聖塔莫尼卡——中間夾著世紀城區和比佛利山。連接這些地區的十號州際公路是全國交通最壅塞的一條高速公路。地鐵通海邊計畫無疑將在這套交通系統中擔負沉重的工作。一天將會有多達十一萬五千人次的乘客搭乘這條地鐵，威爾榭大道也將因此減少數萬車輛。」

維拉哥沙要是成功，紫線延線的興建將會是一項歷史性的成就。長久以來，反對這條地鐵線的聲浪一直發自威爾榭大道沿路那些西區的富裕鄰里。在員警毆打洛德尼・金（Rodney King）所引發的一九九二年暴動之後，「鄰里維護」成了最重要之事，於是漢考克公園（Hancock Park）、費爾法克斯（Fairfax）與比佛利山都一致反對任何可能將大眾帶到這些飛地的運輸建設。地方政客利用民眾對於地底甲烷聚集處的過度恐慌，拖延聯邦政府撥款資助地鐵興建工程。不過，社會氣氛最近已出現改變。一旦連出門買罐牛奶都得在車陣中塞上半小時，自然連心態最偏狹的市民也能看出大眾運輸減少交通壅塞的潛力。維拉哥沙似乎感受到了民眾對他的計畫的支持，因此也毫無妥協之意。

我提起公車乘客聯盟，維拉哥沙隨即變得尖酸刻薄起來。「要是順著他們的意，我們絕不可能建出任何輕軌路線！我瞭解低票價確實能吸引更多人搭乘大眾運輸，也知道我們確實有許多依賴大眾運輸的人口，可是我們取消一條只有十五個人搭乘的公車路線，他們就惱怒不已。拜託！」維拉哥沙對於鐵道運輸屬於中產階級的這種想法嗤之以鼻：「只要看看這座城市裡的鐵路與公車運輸的經濟人口分布，就會發現差別其實不大。而且，屆時使用地鐵的人口當中，有三分之二都會是東洛杉磯、南洛杉磯與韓國城的居民——不是西區的居民。」

現在，銷售稅已為維拉哥沙確保一項源源不絕的當地財源，於是他希望地鐵能在十年內完工，而非三十年——他稱之為「30/10」計畫。為了達成這項計畫，他需要更多錢，但州政府絕對不可能提供資助。加州曾以信用良好著稱，如今卻面臨全美最嚴重的預算危機，以致連要維持基礎建設都極為勉強。維拉哥沙已經跑了幾趟華府爭取貸款，推銷「30/10」計畫的效益。他相信這項計畫將可創造十六萬六千份薪酬優渥的營造工作。歐巴馬總統對此計畫表示歡迎，稱之為「全國的樣板」。[3]

我指出，對於一座以汽車成癮而聞名世界的城市而言，這實在是非常引人注目的進步。

維拉哥沙說：「我們必須加入世界其他地方的行列，這就是我們現在做的事。在這座典型的蔓延型都市裡，我們已經看見了大眾運輸導向的發展。我們現在朝著垂直方向發展。雖然還比不上紐約或芝加哥，但我們從開始到現在也才過了短短幾年而已。洛杉磯之所以成為單一乘客汽車的集合中心，原因是我們先前老是對那些反對者言聽計從，只因為他們說『不』，就不敢興建新的大眾運輸。現在，我們把注意力集中在正向的態度上。我們贊成興建通往海邊的地鐵。我們贊成建構一套大眾運輸系統，讓我們不再是美國的汽車首都。」

我同意維拉哥沙的看法：公車乘客聯盟實在應該停止他們對於鐵道運輸的本能反對。一九九〇年代初期，洛杉磯市老舊的公車都已將屆十五年的使用壽命，當時公車乘客聯盟的運動確實促成了實質改善，而他們至今也仍是公車服務的有效監督者，使得政府不敢隨意縮減服務。不過，他們的論點已經過時了。洛杉磯既然是加州最大城，而且擁有國家規模的經濟活動，自然不該受困於交通癱瘓中。這座城市真正需要的是公車與地鐵的結合，以舒適而且班次密集的接駁公車——最好是行駛於專用道路上——與龐大的地鐵路網無縫接軌。

我在訪問完維拉哥沙之後，搭乘電梯來到市政廳上方的露天觀景台。這座白得令人眩目、屋頂呈金字塔形狀的高塔，自從一九二八年完工之後，近四十年來一直都是全市最高的建築物。這幢西岸大都市裡的建築，也是電視影集《超人歷險記》（*The Adventures of Superman*）裡的星球日報大樓。從二十七樓往下俯瞰，洛杉磯面臨的挑戰清晰可見。

除了市中心那群摩天大廈之外，舉目所見皆是一片水平蔓延的城市，大地上覆蓋著無窮無盡的單戶住宅，夾雜著路邊商圈、兩層樓高的簡陋公寓與營利街區，這些全都籠罩在一團黃褐色的煙霧中。在聖蓋博山脈（San Gabriel Mountains）與太平洋之間，是一片典型的密集都市蔓延現象。不是亞特蘭大或休士頓那種占地廣大、草木茂密的住宅區，而是成千上萬的房屋塞在面積狹小的土地上，只有峽谷、高球場與山丘的所在地除外。[4] 此地儘管人口如此密集，卻仍有許多鋪覆水泥的大片土地，專供車輛行駛與停放之用。這些貧瘠荒涼、毫無生氣的鋪面空間對行人而言不僅單調乏味，甚至充滿危險。許許多多的高速公路從市中心向外發散，其名稱都讓人不禁聯想到自由與寬廣的道路——聖塔安納、金州、海港——然而，即便在凌晨三點，這些高速公路也還是擠滿了車輛。

就目前而言，洛杉磯的大眾運輸網絡實在遠遠不足。然而，這座城市若是願意將每年用於維護高速公路的費用撥出一小部分給大眾運輸，即可建造出全美洲最完善的大眾運輸網絡。

有些洛杉磯市民認為他們的市長是個充滿野心的政治人物，善於運用自己在華府的民主黨人脈，企圖打造一座軌道帝國，而此一成果必能讓他深受洛杉磯的選民歡迎，原因是這些選民絕大多數都屬於工會成員，而且失業率也非常高。不過，我認為維拉哥沙的方向是對的——儘管這座城市的問題絕非短短幾英里的新地鐵線能夠解決。

展望未來，洛杉磯地區最大的希望是進一步提高而不是降低密度：更像市中心區，而不要像橘郡。要達到如此成果，這座城市得揚棄立城基礎的市郊觀念——有些人稱之為徹底改變洛杉磯的DNA。

但要做到這一點，絕對得克服許許多多的反對聲浪。

市中心的問題

儘管經過奮力復興，洛杉磯市中心仍然顯得相當荒涼，到處都是身穿馬球衫的警衛，騎著史密斯威森（Smith & Wesson）越野單車，徒勞無功地試圖將乞丐趕回貧民區。不過，要是你曉得往哪邊看，還是能瞥見洛杉磯過去曾經想像的未來，看到可長可久的建築物與適宜行走的公共空間，由鐵路——而不是道路——連接在一起。在南加州的復古科技中，我最喜歡的是「天使鐵路」（Angel's Flight），這是一條纜索鐵路，行駛其上的兩節傾斜地板車廂至今仍可載運三百名左右的乘客爬上邦克丘——這片斜坡上布滿摩天高樓、博物館與音樂廳，正是傳統認為的市中心。在百老匯大道上，布萊德布利大樓（Bradbury Building）重新整修得極為富麗堂皇，內部採用天窗採光，到處都是閃著釉彩的精美裝飾與外露的管線。一塊大樓裡的銘牌告訴訪客，這幢建築的靈感來自一八八八年的小說《百年一覺》（*Looking Backward*），其作者想像美國未來的城市人口極為密集，因此城市裡充滿巨大的公共建物。在一個街區外的希爾街上，矗立著一幢已改裝成高檔公寓的舊商業大樓，前方的人行道上刻著「地鐵車站建築」的字樣。現在備受譴責的好萊塢地鐵，原本就是在這裡通向地面。這條一英里長的隧道在一九二〇年代完工，原是希望靠著讓電車行駛地底，不再對汽車造成阻礙，而能就此解決塞車問題。

這條地鐵線提醒我們，洛杉磯其實有可能發展出完全不同的面貌。就在工程師正規劃那套割裂這座大都市的高速公路系統之際，同時也有充滿抱負的鐵道計畫，企圖重新申張市中心的霸權。戰爭結束之後，數以百計的企業老闆標舉這句口號：「鐵路捷運——現在就要！」要求市政府除了高速公路之外，也同時建造大眾運輸的專用道。一九六三年，德國的阿韋格單軌鐵路公司（Alweg Monorail）甚至提議免費為洛杉磯建造一條四十三英里長的單軌運輸系統。運輸史學家瓦克斯（Martin Wachs）寫道：「在一九四八到一九八〇年間，至少有六種不同計畫公開提給市民，這些全都包含某種形式的軌道運輸，結果全數未獲落實。」

鑒於電車與汽車在市中心的搶道現象，顯然必須採取若干新措施以解決問題。結果，這項新措施就是奇蹟哩區（Miracle Mile）：這是一片從市中心往外延伸的商業區，也是第一座由汽車直接造成的重要都市結構突變。百貨公司經營者意識到西木區和比佛利山的富有汽車駕駛人不想再面對市中心的交通，於是紛紛在威爾榭大道沿線的豆田上興建分店。最早出現的建築是布拉克威爾榭大樓（Bullock's-Wilshire），是一幢占地達一個街區大小的土色巨型建築，位於邦克丘以西兩英里半的地點。這棟大樓至今依然屹立不搖，創新之處也仍然明確可見：這家百貨公司透過建造通往後方停車場的上下車門廊，讓開車的顧客也能和搭電車一樣，輕易前來購物。由此帶來的結果就是美國的第一座條狀鬧區：在這條大道的沿線建滿了兩層樓的「營利街區」——也就是現代路邊商圈的始祖——間雜著十五層樓高的建築物，一路從費爾法克斯延伸到拉布瑞亞（La Brea）。

許多人都對這樣的發展驚恐不已。市中心的路網鼓勵步行，奇蹟哩區卻不是為了行人而建。終生不開車的科幻作家布萊伯利（Ray Bradbury）因為在威爾榭大道上步行而遭到一部警車攔下，後來他在一九五一年把這個令人訝異的經驗寫成短篇故事〈行人〉（The Pedestrian）。（儘管當時攔下他的員警沒有對他開罰單，卻建議布萊伯利以後別再步行。）奇蹟哩區順利成為市中心及好萊塢的競爭對手，直到後來出現了汽車時代的決定性零售創新產物——受到高速公路支持的購物中心——奇蹟哩區的競爭力才就此不再。

自此發展出來的大洛杉磯地區，就是城市規劃專家所謂的「多核心」大都會，至少有八個不同的就業與商業中心。市政府曾經不時試著將這些分散各處的核心連結起來。史學家亥斯（Greg Hise）在《充滿魔力的洛杉磯》（*Magnetic Los Angeles*）裡，詳述了洛杉磯在戰後試圖打造一連串小型工業郊區的做法，每個區域不但各自有鄰接的居住區，而且距離商業中心也都在步行可達的兩英里內。一九八〇年代，充滿遠見的都市計畫首長漢彌爾頓（Calvin Hamilton）想出了「多重中心策略」，企圖將高密度的商業與公寓大樓集中在市內的三十五個中心點，再由大眾運輸連接。然而，大洛杉磯地區一直抗拒明智的規劃。舉例而言，橘郡的經濟發展向來有如一場緩慢進行的龐氏騙局，[5]只是陸續將一片片廣大的農場土地轉變為無窮無盡的郊區，構成一座沒有中心的邊緣城市，而且幾乎沒有文化或公共空間。在紐約或芝加哥這類城市，單靠乘車前往市中心商業區的通勤乘客就足以支持大眾運輸的營運，但洛杉磯的高速公路系統卻導致就業中心分散於各個交流道。

現代洛杉磯的地理現實雖是如此，但對市中心的信心卻未曾消失。洛杉磯市中心一直都有潛力發展成適宜人居的環境：相較於美國東岸的城市，洛杉磯開發得較晚，因此中心商業區從來沒有吵鬧骯髒的工廠進駐過。每天至少有二十萬人到市中心工作，那裡的居住人口也在近十年來成長了一倍，達到四萬人之多。（儘管如此，此一人口仍然比面積僅占曼哈頓一小部分的東村還少）。許多歷史建築在繁榮時期改建為華麗的公寓大樓，現在則充斥著半數無人居住的出租住宅。當地儘管有一家超市在二〇〇七年開張，目前卻仍然沒有公立學校，以至於難以吸引育有子女的家庭居住在市中心。春天街上雖有一排時髦酒吧，夜裡卻看不到住宅大樓會有幾盞燈亮起，而且週末也很難找到一家開門營業的咖啡廳。洛杉磯市中心的街道目前似乎主要都是在好萊塢動作電影裡充當東岸城市的替身。

許多人認為洛杉磯市中心以及整個南加州的真正問題，在於停車位過多。根據法律規定，洛杉磯市中心的新建案必須提供至少一定數量的道路外停車位。建築大師蓋瑞（Frank Gehry）設計的迪士尼音樂廳是一幢銀色外牆的高聳建物，大眾皆認為這件作品對於洛杉磯的都市風格是一項世界級的貢獻。然而，音樂會聽眾可以把車停在音樂廳裡附設的六層樓停車場，搭乘手扶梯抵達表演會場，從頭到尾完全不踏上人行道一步。洛杉磯市中心停車空間的下限，是舊金山市中心停車空間上限的五十倍。因此，大多數的舊金山居民都搭乘大眾運輸上下班，洛杉磯的土地卻都遭到汽車的需求所吞噬，形成排斥行人的荒涼地帶。

「洛杉磯市中心和其他城市最大的差異不在其蔓延型分布，」洛杉磯加州大學都市計畫教授薛普（Donald Shoup）寫道：「也不在其人口密度，而是高密度的人口加上高密度的停車位。」只要簡單計算一下，即可瞭解這種現象有多可怕：一名辦公室員工平均需要兩百五十平方英尺的空間，他開的汽車則需要四百平方英尺。因此，在一個大多數人都開車通勤的市中心地區，汽車占用的土地即是人的一點五倍。如果把洛杉磯市中心所有的停車位轉變成一片平面停車場，將占據中心商業區所有土地面積的百分之八十一（舊金山只有百分之三十一）——這是全球最高的停車空間比。薛普指出，免費停車「等於是汽車的繁殖劑」。他和他的追隨者——他們自稱為「薛普族」——認為許多都市塞車問題都源自市政府對停車空間下限的強制規定。一位具有魄力與遠見的市長若想永久改變洛杉磯的市容，並促成大眾運輸的搭乘率大幅增長，就必須推行一項簡單的政策改革：限縮、甚至完全取消要求新建案提供道路外停車位的規定。

此舉當然也是被趕下台的保證。建商抱持的一項基本信念——同時也是自我應驗的預言——就是一般美國人絕對不願把車停在得走上六百英尺距離外的地方。

沒有空屋

「大眾運輸導向發展」一詞帶有一種致命的鄙陋色彩。在太多人的心目中，緊鄰大眾運輸的住宅區總不免讓人聯想到位在十九世紀工業城裡、過度擁擠的貧民窟中，那充斥甘藍菜氣味的廉價出租公寓。

這個由建築師暨都市計畫師卡爾洛普（Peter Calthorpe）推廣的詞彙，指的是相對高密度的住商混雜社區，以多層樓的多戶住宅為主。理論上，大眾運輸導向的住宅距離輕軌月台、地鐵站或班次頻繁的公車線不能超過半英里，也應該盡可能接近購物區和學校，以便居民能降低開車頻率，甚至過著完全無車的生活。實際上，遵循大眾運輸導向發展原則的結果會有兩種，一種是地鐵站周圍有高聳入雲的公寓大樓林立，形成有如《銀翼殺手》（*Blade Runner*）中的城市景觀；另一種則是密集分布的平房聚落，有如舞台劇《小鎮》（*Our Town*）

裡的那種鄰里。

這兩種大眾運輸導向發展的成果，在洛杉磯都見得到。我在聯合車站搭上往北行駛的金線列車——這次是遠離東洛杉磯——在十五分鐘後下車，來到一個看似典型美國小鎮的地區。南帕沙迪納距離邦克丘只有七英里，但兩者給人的感覺卻似乎至少相隔了半個大陸以及一整個世紀。在一條滿是藝術工藝運動風格房屋的街道上（其中一棟房屋就是潔美・李・寇蒂斯〔Jamie Lee Curtis〕在電影《月光光心慌慌》〔*Halloween*〕中遭到殺人魔追殺的地點），兩個男孩把腳踏車靠在路燈桿上，跑進一家販售太妃糖與橡皮糖的店內。鐵路平交道旁，看得到「巴斯特咖啡館」的櫃台前有一群人正排著隊，磚牆上的壁畫宣稱這家店是「鐵道旁的咖啡休息站」，圖案裡繪有一隻花邊袖口的手端著一杯熱氣蒸騰的咖啡。隨著平交道的柵欄放下，叮噹作響的警鈴聲讓人不禁覺得這裡彷彿是某座慵懶的中西部城鎮的十字路口——只不過這裡舉目所見的盡是棕櫚樹與鸚鵡，而不是橡樹與松鼠。

「這裡感覺像是美國文化的最佳體現，」建商狄登說。他同意帶我參觀密斯梅里迪安（Mission Meridian）——這是一座由六十七棟公寓大樓構成的大眾運輸導向社區。「有一座優美的公共圖書館，距離這裡只需步行五分鐘，昨晚還有一場農夫市集。夏天時，他們會在車站旁放映露天電影。」

密斯梅里迪安興建在一片一英畝半的長方形土地上，最接近金線的一端是一塊兩層樓建物的商業街區，建築正面砌滿了色調帶有細微差異的磚塊。二樓有天花板挑高的畫家閣樓，一樓則可見一家餐廳、幾家律師事務所、一家健身房，還有一塊老式的霓虹燈招牌，指出地下停車場的入口（這是都會運輸局補助設立的停車場，共有一百四十三個車位，供金線的通勤乘客使用）。在這幢商業建築旁邊，可看到一排設有頂樓窗的雙層樓公寓，分布在梅里迪安大道上，有如連棟住宅。在最接近車站的地區，住宅密度為平均一英畝四十戶；到了街區末端，隨著公寓大樓轉為透天住宅，住宅密度也下滑到一英畝十幾戶。這座社區的住宅密度介於都市與市郊程度之間，混雜著隔鄰街道上百年歷史的平房，其密度為一英畝八戶。

狄登告訴我，許多當地人都不喜歡住商混合的多戶住宅大樓蓋在單戶住宅之間。南帕沙迪納是個富裕而保守的地區；這裡是尼克森的家鄉，約翰·柏奇協會（John Birch Society）的全國總部也仍位在其中某條路上。

「我接到一名婦女的電話，她激動得很，聲稱這個建案一定會吸引各式各樣的少數族群來到這裡。她舉不會說英語的韓國人為例，還說當地學校的考試成績也會因此受影響。我告訴她，這裡一戶公寓的價格將從三十萬起跳，她停頓了一下，說：『喔，這樣我也買不起。好吧，那我對你們的建案沒有意見了。』從此之後，我就沒再接過她的電話了。」

看著眼前這片優雅的建築成屋，實在難以想像有人會真的對密斯梅里迪安有所爭議。社區里的中庭都與街道隔開，遮掩在楓樹綠蔭下，所以聽不到車聲，只有鳥鳴與泉水聲響。除此之外，還有吉他的音樂聲：一名青少女正坐在一間公寓的門廊上，練習著〈日昇之屋〉（House of the Rising Sun）的和弦。我們看著三個高中生年紀的男孩在走向車站的途中停下腳步，在那名女孩身邊坐下來，待了幾分鐘。

這整座社區在施工期間就已全數售出，面積較大的戶別成交價達到八十五萬美元。「值得注意的是，儘管在經濟衰退的情況下，這些房屋還是守住了價格。我們的房價其實已逐漸超越對街的透天住宅了；現在有一戶開價將近一百萬美元。」

當然，關鍵的問題在於密斯梅里迪安的住戶是否確實降低了開車的頻率。一位《洛杉磯時報》記者計算從這座社區的停車場駛出的車輛，結果發現許多住戶還是持續開車上班，而沒搭乘金線。不過，一份針對住戶進行的調查卻顯示，百分之五十五的住戶之所以購買此地的公寓，就是因為這裡鄰近金線，而且就算他們沒有搭乘金線上下班，還是大量利用金線從事其他旅程。

在我們走回車站的途中，狄登說：「你知道嗎，這種社區才是裴琳（Sarah Palin）應該代表的對象。」我沒料到他會說出這種話。畢竟，他曾在一九八〇年代為自由主義代表人物海登（Tom Hayden）組織過參選加州議員的競選活動。「我是說真的。保守主義運動的重點就在於建構社群，在我看來，鐵路比汽車更能維繫鄰里的團結。汽車只會讓人分散、孤立。」

許多洛杉磯居民都反對大眾運輸導向的發展，原因是他們認為既然這樣的開發案會提高社區密度，一定只會導致交通壅塞更嚴重。然而，證據顯示，適宜行走而且有大眾運輸服務的鄰里，能大幅減少汽車行駛里程，而這點正是城市中整體塞車程度的關鍵要素。

「大部分的交通壅塞現象都不是因為密度造成，而是因為蔓延型的發展，」都會運輸局的房地產開發部門主管莫里埃（Roger Moliere）對我說。我們身在位於聯合車站旁一棟辦公大樓內的都會運輸局總部。「在紐約或芝加哥那樣的密集都市裡，許多人下樓就搭上地鐵或公車。在這裡，市民分散居住在庫柯蒙科牧場（Rancho Cucamonga）及其他地方，於是來自各地的汽車愈聚愈多，結果像十號州際公路這樣的高速公路就一路塞進市中心。」都會運輸局採取逐步漸進的策略，以求改變這種現象，而且策略範圍不限於興建新的大眾運輸設施，還包括興建新的居住區。「塞車其實是我們的好朋友。這麼一來，大家就會發現只要住在地鐵或其他大眾運輸路線附近，就能避免開車浪費大量時間。」都會運輸局是由幾個不同的局處合併而成，由於那些局處原本各自持有市內各種專用道路的土地，因此都會運輸局現在也就握有許多極度珍貴的地產。都會運輸局許多的大眾運輸導向發展都是所謂的「填入式開發」——填補市區裡缺乏利用的空間，其中許多都是占地寬廣的平面停車場。莫里埃指出：「我們的目標是開創更便利的空間，吸引人不再開車，改搭大眾運輸。」

都會運輸局利用公私合夥的方式在洛杉磯總計興建了十二件重大的大眾運輸導向開發案，而且目前還有二十幾件正在協商或審議過程中。

這些開發案並非全都有著像密斯梅里迪安這樣的小鎮風情。當天稍晚，我走出紅線上的一座地鐵車站，踏進一個都市色彩濃厚許多的場景。我身在好萊塢大道與凡恩街的交叉口，就在星光大道中央。我腳下踩著歐吉與哈麗雅特的星星，也就是電視上那對典型的市郊夫婦；[6]對街是潘特吉斯劇院（Pantages Theatre）燈光閃耀的入口華蓋。我穿越W飯店鋪了紅地毯的大廳來到中庭，看見一條電線蜿蜒通向一輛泰斯拉雙座敞篷車（Tesla Roadster）。

一個身著深灰色套裝、繫著金色領帶，名叫尼爾森的帥氣推銷員領著我參觀凡恩街一六〇〇號，這是都會運輸局最新完工的大眾運輸導向開發案。我們參觀一間一房一廳的公寓，窗外俯瞰著飯店的中庭。相較於密斯梅里迪安，這裡顯得既新潮又帶有都會氣息，室內有外露的水泥牆、挑高的天花板以及開放式閣樓風格的空間規劃。

在走廊盡頭有一間交誼廳，其中擺滿了豹紋家具，看起來有如靈魂樂教父詹姆斯·布朗（James Brown）的娛樂室。在號稱充滿派對氣氛的階梯式屋頂上，尼爾森帶我看了一座游泳池和一個大烤肉坑，以及兩座直升機停機坪。尼爾森說，在這些租金達市價水準的公寓當中，還間雜著七十八戶提供低收入家庭租住的公寓，月租介於六百至九百美元之間。

「我們的市長最愛吹噓這種事情。他這麼做，等於是對城市裡的勞動民眾說：『你們也能住在這裡，你們也是住戶。』就和那些吃豪華大餐的有錢人一樣。」市政府提供容積獎勵，只要開發案當中有百分之十五的戶數保留給低收入租住家庭，建商就可在同一塊土地上興建更多戶。

至今為止，這些平價住宅並未惹惱其他住戶。總數三百戶的市價公寓有六十二間在頭兩個月就租了出去。「按照這樣的速度，這些公寓只要九個月就會全部租光了，」尼爾森說：「在這個市場裡，這樣的表現算很不錯。」

「我一直告訴別人，」他接著指出：「來好萊塢大道和凡恩街交叉口吧，因為我們這棟大樓裡有一家老喬超市可以購買日用品，只要走兩個街區——是用走的喔——就能抵達弧光戲院這家對號入座的高檔電影院。到了星期一，如果你要到市中心上班，只要搭紅線就可以了。」這樣的推銷說詞相當誘人。我能看出在五光十色的好萊塢中心走走路，會是多麼有趣的事情。才幾年前，凡恩街一六〇〇號原本只是一片轉乘大眾運輸的平面停車場；如今這裡已成為一座熱鬧的都市社區，為大眾運輸帶來更多乘客，而不是為道路帶來更多車輛。

正如都會運輸局的莫里埃所認為的：「大眾運輸導向發展具有一種催化效果。潘特吉斯劇院的經營者如今已打算開發這整個街區。隔壁原本有一棟舊辦公大樓，結果一家私人建商把那棟大樓重新整修成高檔公寓。」

不過，都會運輸局在一個關鍵面向上搞錯了方向：他們在大眾運輸導向開發案裡設置了過多的免費停車空間。凡恩街一六〇〇號的公寓都按照其臥房數配有停車位。（就連這項建案的推銷員都對我說：「這裡可是洛杉磯哪，你一定要有車。」）如果連市政府運輸機構的建築都設有超額供給的停車位，要改變這座城市的DNA絕對得花上很長一段時間。許許多多的研究都顯示，只要停車免費，民眾就比較不會搭乘大眾捷運，即便他們自家樓下就有班次頻繁的地鐵也是一樣。

都會運輸局的大眾運輸導向開發案不可能讓所有人都喜愛。有些洛杉磯居民一定無法接受在公寓大樓裡生養小孩——儘管紐約市滿是在公寓住宅裡建立家庭的居民，而且好萊塢大道和凡恩街交叉口附近就有步行可達的小學與中學。此外，也不是所有大眾運輸導向開發案的品質都像密斯梅里迪安及凡恩街一六〇〇號這麼好。在真正需要這種建案的低收入地區——例如南洛杉磯——又反倒興建得太少；而且如同《洛杉磯週報》（*LA Weekly*）所報導的，興建在這些區域內的少數開發案，都因為太接近高速公路而對住戶健康有害。另一方面，不是每個家庭都想住在有庭院的單戶透天厝裡，更不是每個家庭都負擔得起這樣的住宅——但在洛杉磯，這種住宅卻是嚴重地供過於求。目前唯一還能興建新市郊住宅區的空地，位在市中心以東八十英里遠，在聖蓋博山脈的另一側。既然洛杉磯不可能不斷往外擴張，那麼就該是向上成長的時候了。

畢竟，和其他人隔牆而居、一起走在人行道上，絕不是人生中最糟的事情。

洛杉磯品牌

大眾運輸與高速公路的爭論不過是一種古老鬥爭的最新呈現而已。經濟大蕭條時期，奧克拉荷馬州的農民搭乘鐵路湧入加州，曾因此與擁有果園的當地居民發生衝突；威尼斯海灘的衝浪客曾因此和支持緩慢發展的住宅業主互相鬥爭；南中央區的簡陋排屋與平緩山丘城或馬里布海灘墾殖區的豪宅社區也因此相互對立。這項鬥爭的標的，是這座北美城市的認同定位終將決定這座城市究竟會成為一個具有繁榮發展與凝聚社群能力的完整個體，或是淪為一塊塊住著自我隔離的屋主、各自為政的飛地。

「必須瞭解的是，洛杉磯不只是一座城市，」史學家馬約（Morrow Mayo）曾在一九三〇年代寫道：「恰恰相反，洛杉磯自從一八八八年以來，一直就是一件商品，一件透過廣告推銷給美國大眾的商品，就像汽車、香菸與漱口水一樣。」不只是美國——多虧了好萊塢，洛杉磯的生活型態已然成為全球性的品牌。自從當年喜劇巨星基頓（Buster Keaton）開著老爺車行駛在剛劃出的市郊住宅區，乃至最新一集的《我家也有大明星》（*Entourage*），這種透天住宅與車道的城市景觀就一再在世界各地傳播，成為現代都市生活的典型。這座城市的主要開發商也具體外銷此一品牌，將亞利桑那州與內華達州的許多地區都變成如同沙漠裡的洛杉磯（說得更精確一點，是橘郡）。而杜拜、北京與聖彼得堡的市郊之所以冒出農場式住宅，主要也是因為螢幕與衛星訊號不斷傳播出這種美好生活的形象。

但可以確定的是，洛杉磯的確應該改頭換面了。洛杉磯的都市化程度其實比自以為的還高。該市如今有百分之六十的居民都是租屋居住，而不是擁有房屋的屋主。百分之二十五的洛杉磯居民甚至連車子都沒有。而且，這座城市未來的面貌將以拉丁裔與亞裔人口為主——比起白人市民，這兩個族群都比較沒有排斥大眾運輸的心結，也較願意住在鐵路車站附近。此外，洛杉磯市內縉紳化速度最快的各區，如韓國城、西湖區及回音公園（Echo Park），皆具備了多元種族與鄰近大眾運輸的特性。

要找出前進的最佳方向，可能得回顧過去。從這個觀點來看，大眾運輸導向發展乃是回歸當初洛杉磯原本想成為的那種地方。我們至今在洛杉磯仍可見到當初那種理想的蛛絲馬跡。舉例而言，至今仍可看到知名建商金尼（Abbot Kinney）在二十世紀初興建的「美國威尼斯」，由人行道與人形拱橋將密集的房屋連接在一起，而且屋後皆是充滿鴨子與小船的運河。戰後興建的鮑德文山莊，將汽車交通限制於外圍，六百戶連棟房屋與公寓分布在一座平靜而且林木茂密的超大街區裡，至今仍是一片生氣盎然且不對外封閉的都市鄰里。在這座大都會的高架道路底下，則隱藏著適合步行的市鎮中心；鐵路路網一旦復興，便有可能為這些市鎮中心再度注入活力。

樂觀的建築評論家班納姆（Reyner Banham）在四十年前指出：「高速公路似乎將洛杉磯固定在一種神聖的巨大型態裡，正如教宗希斯篤五世的寬敞街道為巴洛克時期的羅馬確立出形象，或是奧斯曼的『大建設』奠定了美好年代的巴黎形象。」不過，也正是因為高速公路，我太太和我才會覺得難以想像我們住在洛杉磯。我們有些朋友在不久之前搬到洛杉磯，我們造訪他們時一直玩得很開心。洛杉磯到處都有令人驚喜的事物——這一次，我參觀了侏羅紀科技博物館，到好萊塢大道上的「穆索與法蘭克餐廳」吃了威爾斯烤乳酪吐司，還走訪了無人說英語但所有人都抽菸的韓國城，在那裡的一家酒吧喝了燒酒——不過，生活體驗與道路的比例卻完全不對。每次艾琳和我回家之後，我們總是說：「洛杉磯真好玩，可是感覺好像整天都待在車上。」

至於洛杉磯中產階級市民近來對大眾運輸的支持，我也認為並不如表面所見的那麼具有前瞻性。市民對於地鐵的熱衷，特別是在富裕的西區，反映的可能只是一種充滿階級色彩的心態，希望將勞動貧窮人口趕出道路之外，恢復以往那個高速公路通暢無阻的時代。在遍布蔓延型都市的美國西岸，大眾運輸在許多人心目中是個理想的解決方案——前提是搭乘大眾運輸的是別人，而不是自己。

這點實在太可惜了，因為洛杉磯居民確實需要各種額外的連接。凡恩街一六〇〇號那位名叫尼爾森的房屋仲介是土生土長的洛杉磯人，他對這一點說出一段充滿哲理的話，讓我深感意外。當時我們正站在那棟大樓的屋頂，望向煙霧中模模糊糊的「HOLLYWOOD」字樣招牌。

他說：「我有個來自英國的電影導演朋友，有一次，他告訴我：『我剛到洛杉磯時，注意到一件事，就是你們這裡的人完完全全把彼此隔離開來。在芝加哥、紐約，甚至舊金山，所有人都在五點十五分一起卸下領帶，搭乘同一班列車。可是在這裡，每個人都自己開車，大家的黑莓機老是黏在耳朵上，每個人都忙著聽自己的 iPod。』接著，他說：『你們這裡的人好像都互不相干。』」

我也這麼認為。但我希望洛杉磯能有好的發展，我真心希望如此。就大眾運輸而言，洛杉磯的人口密度夠高，也有都市鐵路的傳統；更重要的是，洛杉磯確實有大眾運輸的需求。洛杉磯人早已為自己想像出一套大眾運輸系統，只要他們能興建其中的十分之一，就會發現在那許許多多的高速公路之間，其實自己擁有一座真正的都市。

1 譯注：麥士蒂索人（mestizo）指歐洲人與美洲印地安人的混血兒。

2 這種說法頂多只有一半為真。經濟大蕭條確實造成大眾運輸乘客人數大量下滑，但隨著第二次世界大戰爆發，許多大眾運輸系統又再度獲利，包括太平洋電車——這家公司也藉著在大洛杉磯地區運送貨物而有大量獲利。

3 在我訪問了維拉哥沙的幾個月後，「地鐵通海邊」計畫即遭到縮減，成為「西區地鐵」（Westside Subway），以西木區為終點，距離太平洋岸還有幾英里遠。不過，長十六英里的博覽線目前正如火如荼地施工中，一旦完工，將可讓市民從南加州大學搭乘輕軌列車抵達距離聖塔莫尼卡碼頭只有幾個街口處。

4 有一項鮮為人知的事實，同時也完全違反大多數東岸居民的直覺認知，就是洛杉磯乃是全美人口最稠密的都市地區。紐約的五個區當然分布得較為密集，但三州都會區的平均人口密度卻比大洛杉磯地區低了百分之二十五——大洛杉磯地區的每個角落與峽谷都塞滿了房屋，大多數皆位於狹小的土地上，因此正適合發展大眾運輸。

5 編注：龐式騙局（Ponzi scheme），指騙人向虛設的企業投資，以後來投資者的錢作為快速盈利付給最初投資者以誘使更多人上當。

6 譯注：《歐吉與哈麗雅特的冒險》（*The Adventures of Ozzie and Harriet*）是美國電視史上最長壽的真人演出情境喜劇，由尼爾森夫婦歐吉（Ozzie Nelson）與哈麗雅特（Harriet Nelson）連同他們的兩個兒子，一同演出家庭生活中的種種趣事。